Descifrar códigos

Escrito por Claire Owen

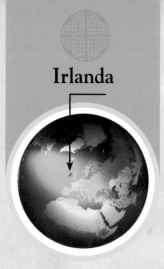

Irlanda

Me llamo Maeve. Al igual que Sarah Flannery, matemática irlandesa, crecí en County Cork. ¿Alguna vez has utilizado un código secreto para mandarle un mensaje a alguno de tus amigos? ¿Eres capaz de descifrar un código?

Contenido

Donde me veas, encontrarás actividades que reforzarán tu aprendizaje y preguntas para responder.

Matemáticos irlandeses

A lo largo de la historia ha habido varios matemáticos célebres nacidos en Irlanda. La mayoría de ellos desarrollaron lo más importante de su obra en la edad adulta. Sin embargo, en 1999, una chica irlandesa de 16 años, llamada Sarah Flannery, fue proclamada genio de las matemáticas, gracias a que inventó un novedoso código para enviar información confidencial por la Internet.

En 1999, debido a la importancia de su trabajo, Sarah recibió los galardones de Joven Científico Irlandés del Año y Joven Científico Europeo del Año. A raíz de esto, Sarah escribió un libro acerca de sus experiencias con las matemáticas.

confidencial Privado, que debe mantenerse en secreto.

Matemáticos irlandeses

La escala Kelvin de temperatura recibió este nombre por el físico y matemático irlandés Lord Kelvin, quien jugó un papel preponderante en el desarrollo del primer teléfono por cable de Irlanda a América.

George Boole fue un matemático inglés autodidacta, que llegó a ser profesor de la Universidad de Cork. Inventó el álgebra booleana, un sistema binario de lógica fundamental para el funcionamiento de las computadoras.

En 1843, William Rowan Hamilton caminaba a un lado de un canal de Dublín cuando se le ocurrió crear un nuevo tipo de álgebra. Después labró una fórmula matemática en la pared de un puente cercano.

sistema binario   Sistema en el que cualquier número es representado únicamente por los dígitos 0 y 1.

El sistema de Sarah

Sarah Flannery se interesó en los códigos por primera vez cuando asistió a una conferencia que dio su padre, que era maestro de matemáticas. Después de esto consiguió trabajar durante una semana en una compañía que creaba nuevos códigos. Una vez ahí, Sarah exploró una idea que el doctor Michael Purser había comenzado a investigar, pero que dejó inconclusa. En los meses siguientes Sarah desarrolló un sistema de codificación basado en números primos y matrices.

Un número primo tiene sólo dos factores: el de sí mismo y el uno. No existe un patrón sencillo ni una regla específica para encontrar números primos.

Números primos

2, 3, 5, 7, 11, 13, 17, 19, 23, 29, 31, 37, 41, 43, 47, 53, 59, 61, 67, 71, 73, 79, 83, 89, 97, 101, 103, 107, 109, 113, 127, 131, 137, 139, 149, 151 ...

Una matriz es una composición numérica en hileras y columnas. El sistema de Sarah es una compleja multiplicación de matrices 2 × 2.

Matrices

3	9
6	8

4	4	1	2
6	0	7	8
0	5	3	6

matriz 2 x 2   matriz 3 x 4

factor   Un número entero que divide a otro número entero sin residuo.

Multiplicar matrices 2 × 2

$$\begin{bmatrix} 1 & 2 \\ 3 & 4 \end{bmatrix} \times \begin{bmatrix} 5 & 6 \\ 7 & 8 \end{bmatrix} = \begin{bmatrix} ? & ? \\ ? & ? \end{bmatrix}$$

Paso 1: 1ª hilera × 1ª columna

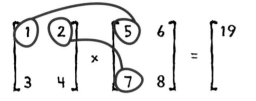

$$1 \times 5 + 2 \times 7 = 5 + 14 = 19$$

Paso 2: 1ª hilera × 2ª columna

$$1 \times 6 + 2 \times 8 = 6 + 16 = 22$$

Paso 3: 2ª hilera × 1ª columna

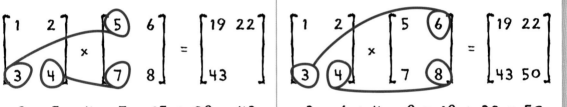

$$3 \times 5 + 4 \times 7 = 15 + 28 = 43$$

Paso 4: 2ª hilera × 2ª columna

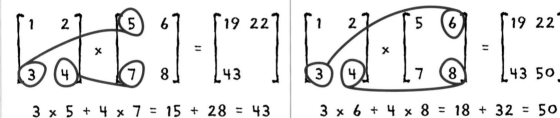

$$3 \times 6 + 4 \times 8 = 18 + 32 = 50$$

Desafortunadamente, el invento de Sarah tenía un error. Cuando el doctor Purser estudió de cerca el sistema, descubrió un modo para encontrar los números primos ocultos. Sarah explicó esto en su libro.

Sigue los pasos anteriores para multiplicar las siguientes matrices.

$$\begin{array}{cc} 1 & 2 \\ 3 & 4 \end{array} \times \begin{array}{cc} 3 & 5 \\ 2 & 4 \end{array}$$

Mensajes ocultos

Mucho antes de que Sarah
Flannery desarrollara su sistema,
se investigaban distintos métodos
para enviar información secreta.
Estos métodos se pueden dividir en
dos categorías: ocultar el mensaje
(estenografía) y hacer ininteligible
la información (criptografía). Los primeros
datos acerca de un sistema de mensajes
ocultos provienen del historiador griego
Herodoto y se remontan a hace unos
2 500 años.

Según Herodoto, en cierta
ocasión, un gobernante griego
tatuó un mensaje en la cabeza
rapada de un esclavo. Cuando
el cabello le volvió a crecer, el
gobernador envió al esclavo
a donde su yerno con las
únicas instrucciones de que
lo rapara por segunda vez.

ininteligible   Difícil de comprenderse.

Los antiguos griegos escribían con
una vara afilada sobre una tabla de cera.
Herodoto decía que, algunas veces,
los mensajes secretos eran trazados
en la base de madera de la tabla
y después se cubrían con cera.

*"La criptografía
es la ciencia
de poner y
quitar disfraces".*
Sarah Flannery

¿Sabías que...?

Entre 1940 y 1960, los espías usaban
cámaras de micropunto, cuyas fotografías
podían reducirse a un pequeño punto.
Luego, la microfoto se pegaba en el
punto de un escrito. Así, la información
secreta podía esconderse en una carta
aparentemente inofensiva.

El código de César

Julio César, el comandante del ejército romano, fue el primer hombre del que se sabe que solía usar mensajes codificados. Hace más de 2 000 años, César enviaba a sus generales mensajes en los que reemplazaba cada letra por la letra situada tres espacios adelante en el orden alfabético.

A	B	C	D	E	F	G	H	I	J	K	L	M	N	O	P	Q	R	S	T	U	V	W	X	Y	Z
D	E	F	G	H	I	J	K	L	M	N	O	P	Q	R	S	T	U	V	W	X	Y	Z	A	B	C

Por ejemplo, la palabra URGENTE, se convertía en XUJHQWH. Éste es un código bastante simple, que puede descifrarse con facilidad.

descifrar   Interpretar el código sin tener la clave.

QRV YHPRV HQ
OD HVTXLQD
GH OD FDOOH
SLQR B OD
DYHQLGD
VDXFH

El mensaje de arriba fue creado de acuerdo con el código de César. ¿Puedes descifrarlo? ¿Puedes adivinar la clave que utilizamos para crear el mensaje de abajo?

DBEB
MFUSB GVF
SFFNQMBABEB
QPS MB
TJHVJFOUF
MFUSB FO FM
BMGBCFUP

Definiciones

Código:

Sistema para reemplazar cada letra o frase con una palabra, un número o un símbolo.

- Proteger un mensaje de esta manera se denomina codificar.

Cifrado:

Sistema para reemplazar cada letra con otra letra o con un símbolo.

- Proteger un mensaje de esta manera se denomina cifrado.

- Una clave muestra cómo debemos cifrar cada letra.

Encriptado:

Término que abarca al código y al cifrado.

¿Sabías que...?

En la actualidad, muchos "códigos" son cifras. Sin embargo, en el lenguaje común, la palabra *código* se usa tanto para las cifras como para los códigos.

El código Pigpen

Es muy fácil inventar un código si se crea un símbolo específico para cada letra del alfabeto. Sin embargo, sería muy difícil recordar los 26 símbolos, así como la letra que representa cada uno de ellos. Un código que data del siglo XVIII, llamado código Pigpen, eliminó este problema mediante el uso de paneles que facilitaron recordar los símbolos. Los Estados Confederados usaron el código Pigpen durante la Guerra Civil.

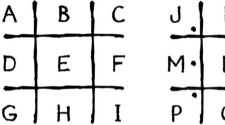 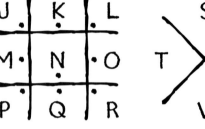 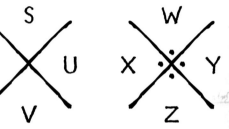

De acuerdo con el código Pigpen, las palabras PROYECTO SECRETO serían:

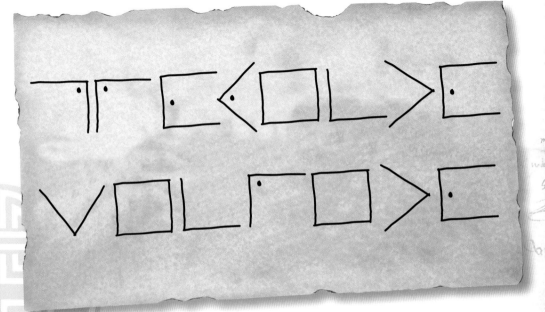

De 1856 a 1874, María, reina de los escoceses, fue prisionera de su prima Isabel I, reina de Inglaterra. Los defensores de María le enviaron un mensaje en código en el que le ofrecían asesinar a Isabel. María respondió el mensaje, pero su carta fue interceptada y descifrada. María fue ejecutada por traición.

Escribe un mensaje y usa el código Pigpen para encriptarlo. Intercambia tu mensaje con un compañero y descifra el mensaje que te hayan dado.

El código que usaron María y sus defensores era simple. Sustituyeron cada letra del alfabeto por otra letra o por un símbolo.

asesinar   Matar

Palabras clave

Otro método para codificar consiste en usar una palabra o una frase clave. La palabra clave es la primera parte del texto cifrado, seguido por cualesquiera de las letras restantes del alfabeto. Por ejemplo, ésta es la clave formada con la palabra clave ZEBRA:

Una frase clave puede ser la primera línea de un poema, de una historia o de un proverbio. Cualquier letra repetida se elimina. Por ejemplo, la clave formada con el proverbio "Mira antes de saltar" es:

Lo más complicado de un mensaje cifrado como éste consiste en que el remitente debe idear una forma segura para que el destinatario sepa cuál es la palabra o la frase clave.

texto cifrado   Letras o símbolos que representan la A, la B, la C, etcétera.

Mmm, así que la palabra clave se encuentra en la octava palabra de la línea 12 de la página 5.

Feliz Cumpleaños Con amor, Lucy. 08-12-05

A lo largo de los años se han creado formas diversas para encontrar las palabras clave. Por ejemplo, una fecha puede ser la pista para descubrir la palabra clave.

Resuélvelo

1. Usa la clave ZEBRA para cifrar este mensaje:

   MIRA DEBAJO DE LA TERCERA PIEDRA EN EL CAMINO.

2. Usa la clave ZEBRA para descifrar este mensaje. Busca cada letra en la segunda hilera y anota la que le corresponde de la primera hilera.

   RMEJZ   Z   JZ   GYOTGAPRZ
   AL   JZQ   JTBAQ   RAJ
   QAKZCMPM   X   AQNAPZ
   AL   AJ   QGDTGALSA
   ETYML

3. Crea un nuevo mensaje cifrado usando la palabra clave o la frase que hayas elegido (asegúrate de no repetir ninguna letra).

   a. Escribe un mensaje secreto, utilizando tu mensaje cifrado o encriptado.

   b. Intercambia tu mensaje con un compañero y descifra el mensaje que hayas recibido (¡no olvides intercambiar las palabras clave!).

Cómo buscar letras

Muchos códigos se crean sustituyendo cada letra del
alfabeto por otra letra. Juntando todas ¡hay más de
20 000 000 000 000 000 000 000 000 (veinte cuatrillones)
de posibilidades para hacerlo! Es imposible determinar
todas las claves posibles para descifrar un solo código.
No obstante, los descifradores de códigos analizan
la frecuencia con que se utilizan ciertas letras.

Frecuencia de letras en un texto escrito en inglés (%)

E	12.7	S	6.3	C	2.8	B	1.5
T	9.1	H	6.1	M	2.4	V	1.0
A	8.2	R	6.0	W	2.4	K	0.8
O	7.5	D	4.3	F	2.2	J	0.2
I	7.0	L	4.0	G	2.0	X	0.2
N	6.7	U	2.8	Y	2.0	Z	0.1
				P	1.9	Q	0.1

Cuenta las letras en el texto de la derecha. ¿Qué porcentaje de esas letras es la vocal *e*?

La frecuencia de la letra e en un texto escrito en inglés es de 12.7 por ciento. Esto significa que en cada 100 letras escritas, existen (en promedio) 12 ó 13 es.

En la historia *La aventura de los bailarines*, Sherlock Holmes, el famoso detective de ficción, explicó el método que usó para descifrar un código en inglés creado con dibujos.

¿Puedes descifrar el mensaje de arriba? Necesitas adivinar tres símbolos. (Los demás fueron utilizados en la columna de la derecha).

Bailando con códigos

1. Holmes descubrió que se repetía constantemente este símbolo:

   Supuso que representaba la letra *E*.

2. Holmes sustituyó E por 𝄩 en:

   Dedujo que la palabra podía ser LEVER, NEVER o SEVER (PALANCA, NUNCA, SEPARAR), pero NEVER tenía mayor sentido.

3. Después de que Holmes sustituyó las letras N, V y R con los dibujos apropiados, estaba listo para adivinar otras palabras.

4. Siguiendo estos pasos, Holmes pudo crear este mensaje para engañar al villano de la historia (VEN INMEDIATAMENTE):

C O M E   H E R E

A T   O N C E

17

Cómo contar letras

La frecuencia con que aparecen las letras en un pasaje corto puede ser muy distinta de las frecuencias promedio de la página 16. En general, cuanto más largo es un pasaje, más parecidas serán las frecuencias a las de la tabla. Por esa razón, analizar la frecuencia de las letras no es el mejor método para descifrar mensajes cortos.

Mmm, me pregunto qué símbolo representa la letra E.

MULTA POR MAL ESTACIONAMIENTO

Mira con cuidado las palabras aquí anotadas. ¿Notas algo raro o inusual? Míralas una, dos, cuatro, cinco... ¡y por octava ocasión! Procura confrontar cada vocablo para hallar lo singular.

frecuencia   Repetición de un dato o un suceso.

Haz una gráfica de las letras más frecuentes

Necesitarás una hoja de papel. La copia de un artículo periodístico (tan extenso como sea posible), una copia de la Hoja de ejercicios y un marcador o un lápiz de color.

1. Haz una lista con las letras A a la Z en una hoja de papel. Cuenta 200 letras en el artículo periodístico.

> La tecnología de la comunicación secreta se denomina criptología. Ésta tiene dos partes: la seguridad de la comunicación o SEGCOM y la inteligencia de la comunicación o INTCOM. Las personas utilizan la seguridad en las comunicaciones para hacer y mantener mensajes en secreto.

2. Tacha cada palabra con una raya y registra cada letra con un palito. Después, suma los palitos. Asegúrate de que el total sea 200.

A	‖‖‖ ‖‖‖ ‖‖‖ ‖‖‖ ‖‖‖ ‖‖‖‖
B	‖
C	‖‖‖ ‖‖‖ ‖‖‖ ‖‖‖
D	‖‖‖ ‖‖‖‖
E	‖‖‖ ‖‖‖ ‖‖‖ ‖‖‖ ‖‖
F	‖
G	‖‖‖ ‖
H	‖
I	‖‖‖ ‖‖‖ ‖‖‖ ‖‖‖‖
J	‖
K	
L	‖‖‖ ‖‖‖ ‖‖‖
M	‖‖‖ ‖‖‖‖
N	‖‖‖ ‖‖‖ ‖‖‖ ‖‖‖

> La tecnología de la comunica... secreta se denomina criptolog... Ésta tiene dos partes: la seguri... de la comunicación o SEGCO... la inteligencia de la comunicaci... INTCOM. Las personas utilizan... seguridad en las comunicaciones... hacer y mantener mensajes en se...

3. Trabaja con otros cuatro compañeros para que entre todos reúnan 1 000 letras. Busca la frecuencia de repetición de cada letra en 1 000 letras. Luego divide la frecuencia entre 10 para calcular el porcentaje.

	Yo	Pepe	Paco	Luz	Tere	Frecuencia (en 1,000)	
A	29	15	15	16	13	88	8.8
B	0	2	8	3	3	16	1.6
C	20	3	0	4	5	32	3.2
D	9	10	7	6	8	40	4.0

4. Colorea cada barra de la gráfica para mostrar el porcentaje.

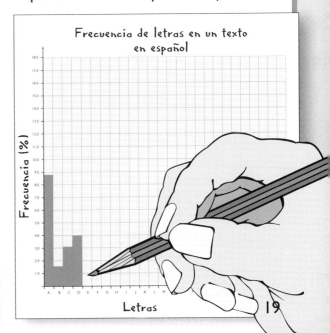

Frecuencia de letras en un texto en español

Punto, punto, punto

No todos los códigos se diseñan para preservar un mensaje secreto. Por ejemplo, el código Morse se inventó por una razón distinta. El primer sistema telegráfico concebido en Alemania en 1809 tenía 26 cables, uno para cada letra del alfabeto. Sin embargo, el sistema no era práctico. En 1838, el estadounidense Samuel Morse inventó un código de puntos y rayas que podían enviarse a través de un solo cable con toques cortos y largos de corriente eléctrica.

Morse asignó códigos simples para la *E* y la *T*, las letras que se usan con mayor frecuencia

Código Morse

A	•−	B	−•••
C	−•−•	D	−••
E	•	F	••−•
G	−−•	H	••••
I	••	J	•−−−
K	−•−	L	•−••
M	−−	N	−•
O	−−−	P	•−−•
Q	−−•−	R	•−•
S	•••	T	−
U	••−	V	•••−
W	•−−	X	−••−
Y	−•−−	Z	−−••

telégrafo   Sistema para mandar mensajes por medio de señales eléctricas a través de la radio o de un cable.

El código Braille es un sistema de puntos resaltados que permite leer y escribir a las personas invidentes. Fue inventado en 1829 por Louis Braille, un francés de 20 años, que perdió la vista desde los tres años.

Braille

A	B	C	D	E	F	G	H	I	J
K	L	M	N	O	P	Q	R	S	T

U	V	W	X	Y	Z

Ponte de acuerdo con uno de tus compañeros, para que juntos establezcan sonidos cortos para puntos y sonidos largos para rayas. Después "envía" tu nombre en código Morse.

¿Sabías que...?

Algunos operadores del código Morse pueden "leer" ¡hasta 60 palabras por minuto!

La criptografía en la actualidad

El desarrollo tecnológico de máquinas y computadoras ha permitido crear códigos cada vez más complejos. Sin embargo, la misma tecnología ha hecho posible descifrarlos. Los criptógrafos modernos están conscientes de que no existe un código indescifrable. Por eso se concentran más en proteger las claves que utilizan que en tratar de mantener en secreto sus métodos de codificación.

La máquina de codificación más famosa es la Enigma. Este invento alemán se usó para encriptar mensajes durante la Segunda Guerra Mundial. A los matemáticos ingleses y polacos les llevó muchos años descifrar los códigos de Enigma.

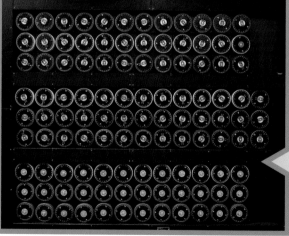

La máquina desencriptadora Bombe fue usada en Inglaterra para desencriptar o descifrar los mensajes elaborados por la Enigma.

En la actualidad, una cantidad inmensa de información se envía a diario electrónicamente a todo el mundo. Ahora más que nunca, los gobiernos, las organizaciones y los individuos necesitan proteger su información.

Respuestas modelo

Explora otros códigos. Por ejemplo, puedes usar números para representar letras o invertir el orden de las letras en una palabra. (Por ejemplo, EL FIN sería NIF LE)

Página 7

$$\begin{bmatrix} 1 & 2 \\ 3 & 4 \end{bmatrix} \times \begin{bmatrix} 3 & 5 \\ 2 & 4 \end{bmatrix} = \begin{bmatrix} 7 & 13 \\ 17 & 31 \end{bmatrix}$$

Página 11 NOS VEMOS EN LA ESQUINA DE LA CALLE PINO Y LA AVENIDA SAUCE

CADA LETRA FUE REEMPLAZADA POR LA SIGUIENTE LETRA EN EL ALFABETO

Página 15 1. KGPZ RAEZHM RA JZ SAPBAPZ NGARPZ AL AJ BZKGLM

2. DOBLA A LA IZQUIERDA EN LAS LUCES DEL SEMÁFORO Y ESPERA EN EL SIGUIENTE BUZÓN

Página 16 18 por ciento (18 *es* entre 100 letras)

Página 17 I AM VERY CLEVER (Soy muy listo)

Página 18 El párrafo no tiene es

Índice